DRÔLES D'**AVENTURES**

L'éditeur remercie l'ESA, Agence Spatiale Européenne,
qui lui a permis de réaliser ce livre.

L'ESA a pour mission d'assurer et de développer la coopération entre états européens dans les domaines de la recherche, de la technologie et des applications spatiales. Elle compte 15 états membres.

Ariane, mission accomplie

auteurs
Jean-Claude Djian
et Philippe Willekens

illustrateur
Philippe Biard

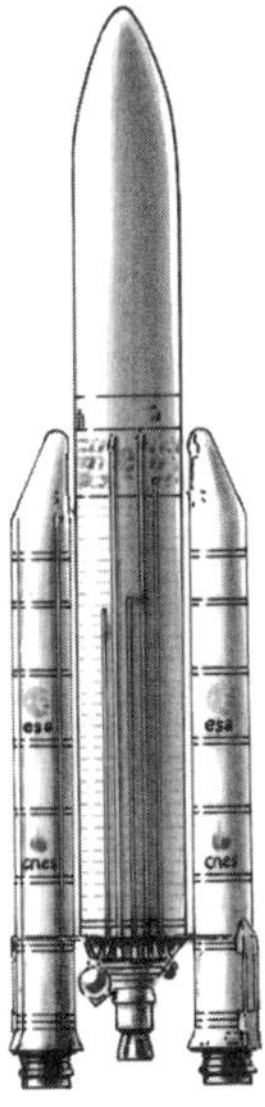

Gallimard Jeunesse

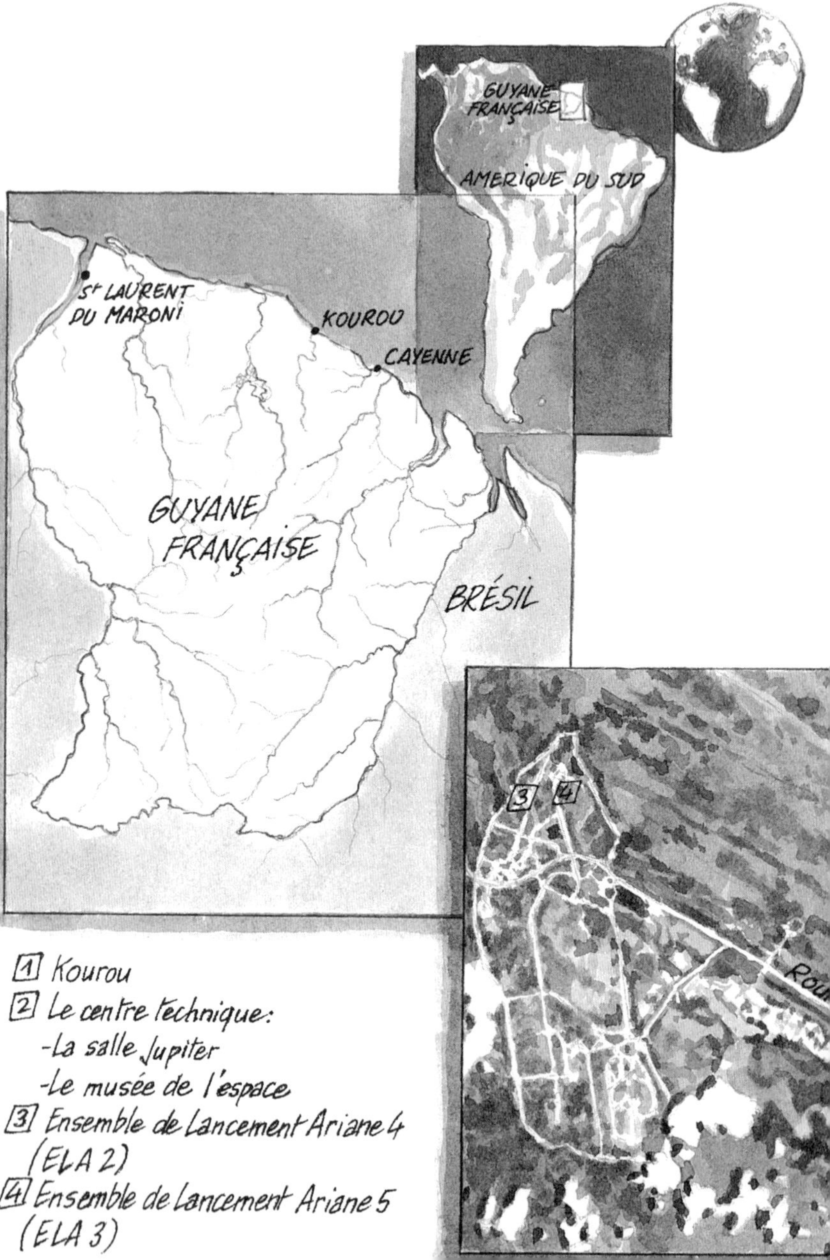
GUYANE FRANÇAISE
AMERIQUE DU SUD
St LAURENT DU MARONI
KOUROU
CAYENNE
GUYANE FRANÇAISE
BRÉSIL
3
4
1 Kourou
2 Le centre technique:
-La salle Jupiter
-Le musée de l'espace
3 Ensemble de Lancement Ariane 4 (ELA 2)
4 Ensemble de Lancement Ariane 5 (ELA 3)

Chapitre 1

Le collège Saint-Jean

Kourou, le 9 juin

Dringgg ! ! ! La sonnette du collège Saint-Jean à Kourou en Guyane retentit à dix heures et demie pile. L'heure de la récré avait sonné. Une horde d'élèves sortit en criant des salles de classe. Les garçons envahirent la cour pour organiser un match de football.

Kourou

– À droite c’est le camp des bleus. À gauche celui des rouges. La première équipe qui marque a gagné. O.K. ? proposa Mathias, un grand brun d’une quinzaine d’années à l’air rigolard et malin. Avec sa casquette rouge de travers et ses grosses baskets, il avait un look de rappeur.

Coup de sifflet. La partie démarra sur les chapeaux de roue. Les bleus avaient le ballon.

Les filles de leur côté demeurèrent à l’ombre du préau. Il faisait trop chaud pour rester sous le soleil de plomb de ce début d’été. 34 °C. Quelle chaleur ! Assises sous

un palmier majestueux, Stella, Stéphanie et Angéla, trois copines de classe, chuchotaient entre elles en regardant le match.

Une clameur arriva de la cour. Mathias venait de récupérer la balle pour les rouges en dribblant trois joueurs adverses.

– Qu'il est fort ton frère, Stella ! soupira Stéphanie, une jolie petite blonde, en regardant Mathias.

– Bon, on n'est pas ici pour parler de mon frère ! Alors toujours d'accord pour partir avec eux ? Décidez-vous vite parce que c'est demain matin que tout commence, dit Stella, énervée.

C'était une brunette de treize ans, drôle et très dégourdie, au visage couvert de taches de rousseur. Comme son frère Mathias, elle adorait prendre des initiatives.

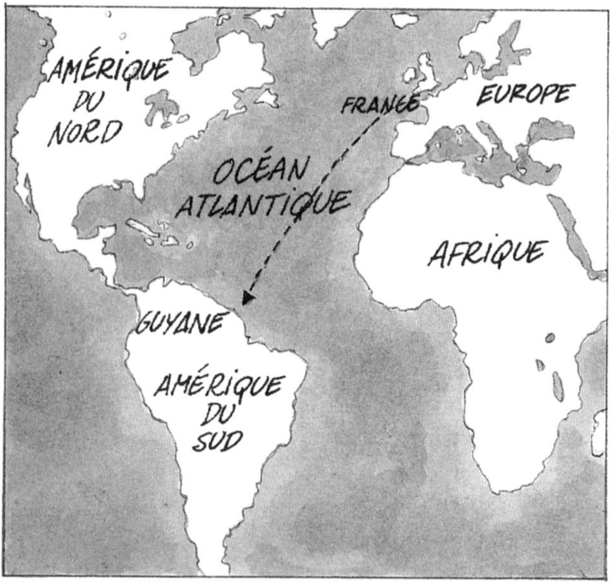

– Bien sûr ! répondirent en chœur Stéphanie et Angéla.

– Alors écoutez-moi bien, faut tous se retrouver vers onze heures du matin sur le port de Cayenne pour accueillir l'*Ariana*.

– C'est qui cette fille, Ariana ? demanda naïvement Stéphanie.

– C'est pas une fille l'*Ariana*, Stéphanie ! C'est un très gros bateau qui pèse 1 250 tonnes et mesure 123 mètres de long. Il n'a mis que douze jours pour arriver de la métropole.

– Ben dis donc, ton bateau c'est un vrai escargot ! se moqua Angéla, une grande tige à lunettes rondes vert pomme.

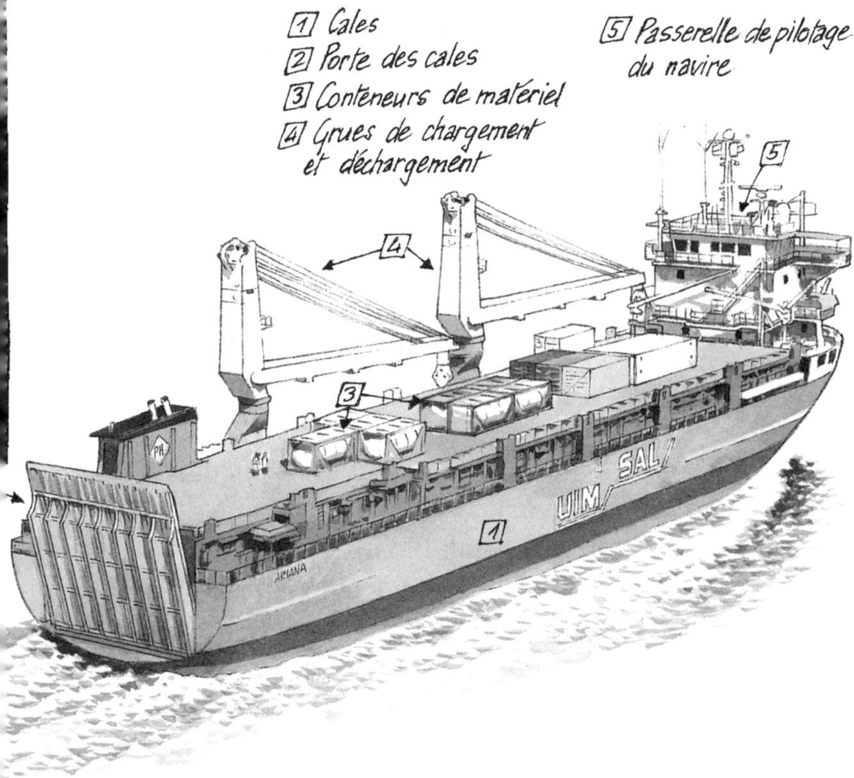

– Tu parles, sa cargaison est hyper fragile, et…

Stella n'eut pas le temps de finir sa phrase car le ballon lui passa au ras du visage pour aller s'écraser contre le tronc du palmier. Mathias arriva en courant. Heureusement sa sœur n'avait rien, mais elle le regarda avec un air mauvais.

– Alors les filles, on complote contre les garçons ?

– N'importe quoi ! Va jouer avec tes potes et laisse-nous tranquilles !

Stella ramassa le ballon et le lança rageusement au loin. Mathias l'attrapa au vol.

– C'est mou tout ça. Faut que tu t'entraînes, petite sœur !

Stella et Mathias étaient comme chien et chat. Ils s'adoraient mais n'osaient pas se le dire en face, alors ils se chamaillaient. C'était leur petit jeu. Ils étaient nés en Guyane, comme leur père, Jérôme Crouspin, un créole de Saint-Laurent-du-Maroni. Comme lui, ils avaient la peau mate et les cheveux noirs frisés. Leur mère, Sandrine, était blonde. C'était une « métro » qui, dix-sept ans plus tôt, était arrivée de Paris en vacances. Entre Jérôme et elle, cela avait été le coup de foudre. Elle s'était mariée et était restée sur place… La famille Crouspin vivait aujourd'hui dans le quartier sud de la petite ville de Kourou.

Stella était en cinquième, Mathias en troisième. Leur père, brigadier à la Gendarmerie nationale, était en poste aux îles du Salut. Sandrine Crouspin, elle, travaillait au Centre spatial guyanais.

À Kourou tout le monde vivait à l'heure de la fusée. Chaque lancement était un événement et le prochain devait avoir lieu le 11 juin.

Pour l'occasion, le collège Saint-Jean avait organisé un grand concours de poésie sur l'espace, en collaboration avec Sandrine Crouspin. La classe gagnante pourrait visiter les bâtiments d'assemblage, la zone de tir, la salle de contrôle de la base spatiale, et surtout, assister au décollage d'Ariane.

Pendant quinze jours ce fut l'effervescence dans le collège. On fit des vers à tous les cours et même en maths. Grâce à son originalité, la classe de Mathias remporta le concours. Les élèves avaient écrit deux chansons de rap interstellaires qu'ils avaient enregistrées sur cassette. *Rap des étoiles* et *Mets-toi sur orbite* étaient déjà des tubes au collège.

La visite débuterait le lendemain par un voyage en car jusqu'au port de Cayenne pour voir accoster l'*Ariana*. Grâce à sa mère, Stella pourrait y assister. Elle était décidée à tout faire pour que ses amies puissent l'accompagner.

– Hou ! Hou !

Huées dans la cour. Les bleus venaient de rater un but facile. Stella reprit la discussion en surveillant le match. Elle ne voulait pas recevoir encore une fois le ballon.

– L'*Ariana* est l'un des trois bateaux qui transportent la fusée Ariane. Pour la faire entrer dans la cale, on l'a mise dans deux énormes conteneurs grands comme trois autobus.

– Comme trois autobus ! Ben dis donc, c'est aussi gros qu'un diplodocus… remarqua Stéphanie.

– On débarque les conteneurs demain matin pour les charger sur un gigantesque camion qui va les

amener jusqu'au centre spatial de Kourou. Et nous, pendant ce temps, on ira visiter la base de lancement.

– T'as d'la chance de les accompagner ! Nous, on fait jamais rien, soupira Angéla.

Le ballon vint frapper la cime du palmier pour retomber mollement sur la tête d'Angéla. Mathias se précipita pour le récupérer, mais déjà Stella l'avait renvoyé d'un tir de l'autre côté de la cour.

– Maintenant ça suffit ! Arrête de nous canarder, c'est pas drôle ! rugit Stella.

– C'est pas moi, c'est le ballon. Ça va Angéla ?

– Ouais, ça va, j'ai la tête dure. Tu sais, c'est pas juste que ce soit votre classe qui fasse la visite du centre spatial et pas nous.

– Normal, faut au moins avoir mon âge pour comprendre toutes les explications sur la fusée. C'est pas un truc pour vous.

Pas pour elles ? Les filles n'en revenaient pas.

Bertrand, un ami de Mathias, vint le chercher pour reprendre la partie de football.

– Excusez-moi les filles, mais j'ai un match.

Il courait déjà derrière le ballon quand Stéphanie lui cria de loin.

– On est quand même pas des débiles !

– T'as raison Stéphanie ! Allez Stella, débrouille-toi pour nous emmener voir la fusée Ariane ! supplia Angéla.

– O.K., je vais essayer de convaincre ma mère pour que vous veniez avec nous. Il y a certainement quelques places libres dans l'autocar.

– Génial ! Nous on va demander la permission à nos parents.

D'une tête, Mathias marqua le but de la victoire pour son équipe.

Bras écartés et hilare, il salua la foule comme un pro de la Coupe du monde. Stella, Stéphanie et Angéla se retournèrent en haussant les épaules.

La cloche sonna la fin de la récréation quelques minutes plus tard.

Dès la sortie de l'école, Stella demanda à sa mère si ses deux amies pouvaient l'accompagner.

– Elles sont passionnées par l'espace. Elles adoreraient visiter la base. Dis oui maman !

– Si leurs parents sont d'accord et si la sécurité du centre spatial est avertie, pourquoi pas ? À treize ans, vous êtes en âge de tout comprendre.

Stella rosit de fierté. C'était une « grande », quoi qu'en pense Mathias. Après quelques coups de fil aux parents et à la base spatiale, le feu vert était donné et le rendez-vous fut pris. Tout le monde partirait de la place du marché le lendemain à sept heures et demie.

Chapitre 2

L'arrivée de l'«Ariana»

Sur la route de Cayenne, le 10 juin

L'autocar du collège Saint-Jean traversa au petit matin les villages qui longeaient la nationale 1 de Kourou à Cayenne. Au loin, on apercevait l'océan agité. Dans le car l'ambiance était paisible. Tout le monde semblait sommeiller. Cette torpeur agaça Stella. Il fallait qu'il se passe quelque chose. Elle s'approcha du siège où était assis son frère. Il dormait, sa casquette sur les yeux. Pas vraiment lève-tôt, Mathias ! Elle le secoua.

– Hé ! Mathias, réveille-toi, fainéant ! Le bateau qu'on va voir, d'où il vient ?

– J'sais pas moi, demande au prof.

Stella se dirigea à l'avant de l'autocar vers madame Lespadon, le professeur de sciences, une petite femme brune tout en rondeurs, qui se tourna alors vers un homme à la chevelure rousse assis à côté d'elle. C'était Alex Rocket, le spécialiste de l'Agence spatiale européenne (l'E.S.A. ou *European Space Agency*). Il se leva de son siège pour répondre. Il était immense. À ses côtés Stella avait l'air d'une naine.

– Ça alors ! s'écria Mathias. Il est aussi grand que la fusée !

La remarque fit rire et acheva de réveiller tout le monde. De sa voix aiguë, madame Lespadon réclama le silence. Alex Rocket s'excusa

le satellite Artémis

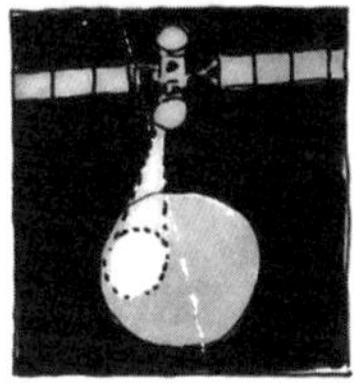

en souriant de ne mesurer que 1,93 m. Il parlait avec un léger accent nordique.

– Je suis une puce par rapport à Ariane 4, qui dépasse 58 mètres de hauteur. Puis il reprit plus sérieusement : Le bateau que nous allons voir arrive directement du port du Havre. Sa cargaison, elle, a déjà fait plus de 200 km sur la Seine à bord d'une barge pour aller de l'Aérospatiale aux Mureaux, dans la région parisienne, jusqu'au Havre. Vous savez, cette fusée, c'est toute une histoire !

L'aventure du programme européen d'Ariane avait débuté en 1973. À l'époque, Alex Rocket était jeune ingénieur à l'E.S.A. aux Pays-Bas, près de La Haye. Il n'oublierait jamais le jour de Noël 1979 où Ariane 1 s'était lancée dans l'espace avec succès. Un vrai cadeau du ciel ! Depuis cette date mémorable, le lanceur s'était forgé une réputation mondiale en mettant en orbite plus

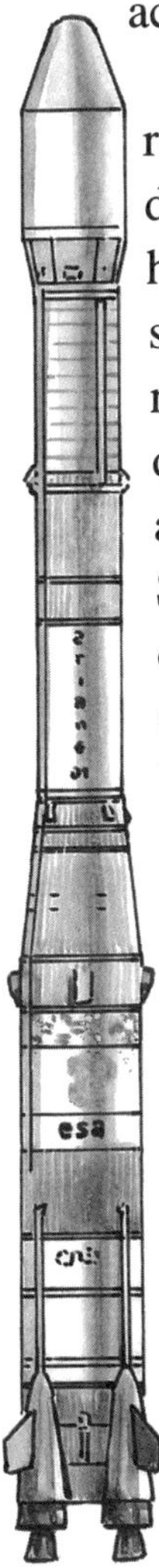

de la moitié des satellites de télécommunication qui gravitent aujourd'hui en orbite géostationnaire.

Il faisait de grands gestes en parlant, il revivait l'épopée d'Ariane. Les enfants, captivés, imaginaient les fusées décoller et les satellites tourner autour de la Terre. Pas de doute, grâce à lui, on y était…

Mathias, debout dans la travée de l'autocar, faisait mine de flotter en état d'impesanteur.

– Mathias Crouspin, arrêtez de faire l'imbécile ! ordonna madame Lespadon.

Mathias n'écoutait pas. Il se croyait spationaute.

– Allô la Terre, ici l'espace ! Qui fabrique la fusée ? Je répète, qui fabrique la fusée ?

Fou rire général. Le professeur réclama une nouvelle fois le silence. Peine perdue pour elle, Alex Rocket se piqua au jeu de Mathias. Il prit le micro du chauffeur comme si c'était la radio d'un centre de contrôle.

– Allô l'espace, ici la Terre ! Nous avons vos informations. Plus d'une centaine de sociétés, réparties dans douze pays d'Europe, fabriquent les différentes parties d'Ariane. C'est un vrai puzzle. On regroupe tout ça dans les ports de Brême en Allemagne, Rotterdam aux Pays-Bas, et Rome en Italie. Le tout est acheminé vers Le Havre pour embarquer sur l'*Ariana*. Terminé !

Tout le monde applaudit la prestation de l'ingénieur de l'E.S.A. Même madame Lespadon, d'ordinaire si sérieuse, riait.

L'atmosphère dans l'autocar était décontractée. Élèves et adultes discutaient à bâtons rompus de l'espace. Les 65 kilomètres qui séparaient Kourou du port de Cayenne passèrent très vite. Le port de Dégrades des Cannes était déjà en vue.

– Quai principal ! Terminus, tout le monde descend ! lança le chauffeur.

Une odeur de poisson et de mazout flottait dans l'air. L'*Ariana* était là, majestueux, au bord du quai. Un vrai monstre de métal avec ses cales ouvertes. En s'approchant Mathias siffla d'admiration.

– Houa ! Il est géant ce bateau.

L'*Ariana* était le plus long navire du port. Un véritable terrain de football flottant. Sur son pont, on ne chômait pas. Sur le quai non plus d'ailleurs.

Les grues étaient en action pour débarquer les conteneurs. L'énorme camion du convoi vers Kourou était prêt, gyrophare allumé.

Quelques touristes mitraillaient la scène avec leur appareil photo.

Alex Rocket réunit les enfants autour de lui pour donner des explications sur le bateau. Un vieux pêcheur guyanais qui réparait les mailles de son filet dans un coin s'approcha du groupe et se mit à parler d'une voix chevrotante. Il avait l'air de s'y connaître.

– Vous savez, les enfants, y'a d'autres bateaux qui font la navette entre la métropole et Kourou : le *M. N. Toucan* et le *Colibri*. Eh oui ! faut bien être plusieurs pour livrer des fusées à la base de Kourou.

C'est qu'ils en lancent presque tous les mois là-bas. Mais Ariane 5 remplacera bientôt Ariane 4 qui a fait du bon travail depuis dix ans. Elle a effectué plus de cent vols en mettant presque deux cents satellites en orbite. Figurez-vous qu'un seul des propulseurs solides d'Ariane 5 a la puissance d'une fusée Ariane 4 complète.

Les enfants regardaient le déchargement des conteneurs. Chacun renfermait plusieurs tonnes d'électronique, des moteurs, des

câblages, des réservoirs. Cela représentait le travail de milliers d'ingénieurs européens, des centaines d'heures de réglages et d'essais. Tout cela pour moins d'une heure de transport de la Terre vers l'espace.

Un homme de grande stature, en uniforme, descendit du bateau par l'échelle de coupée. Avec sa barbe noire

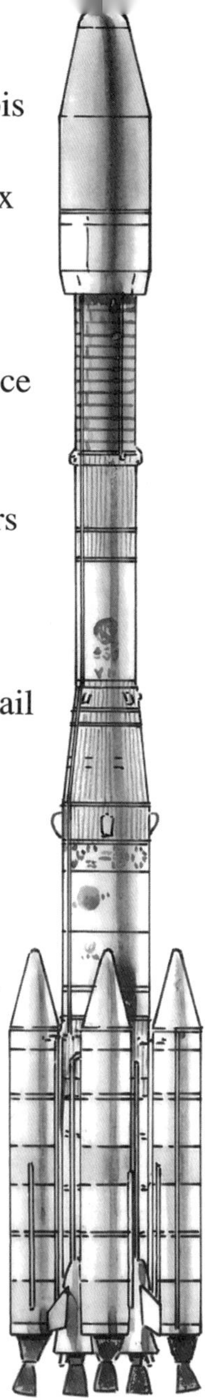

Les campagnes de préparation des lanceurs Ariane 4 et Ariane 5 s'effectuent en parallèle sur le centre spatial guyanais. Elles ont lieu sur les zones de lancement et durent environ trois semaines. Il peut y avoir plusieurs satellites et lanceurs en préparation en même temps.

et sa casquette de marin il ressemblait au capitaine Haddock. C'était Émile Sabords, le capitaine de l'*Ariana*, un vieux loup de mer.

– Alors il vous plaît mon bateau, moussaillons ?

Approbation générale.

– On peut le visiter, m'sieur ? demanda Angéla.

– Négatif. Personne n'a accès aux cales pendant la traversée et les conteneurs sont fermés comme des coffres-forts. J'ai un équipage d'une vingtaine de marins et, croyez-moi, je reconnaîtrais mes hommes à plus de deux cents mètres sans me tromper.

Stella observait les hublots du navire quand son regard s'arrêta brusquement sur une silhouette bizarre. Un homme avec une grosse moustache grise regardait dans sa direction.

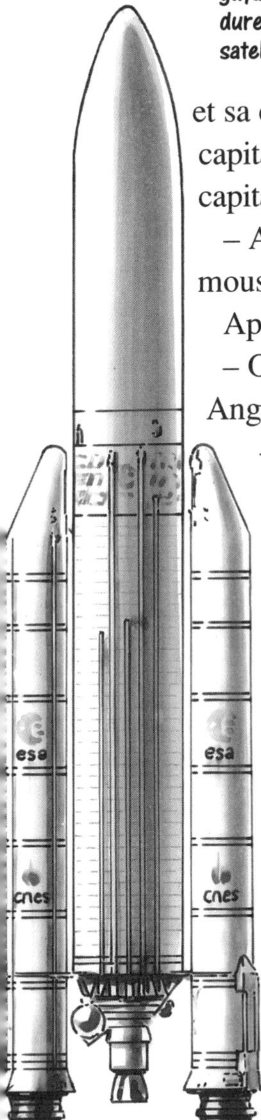

Ariane 5
1996
hauteur 51,37m
725 tonnes

– Hé capitaine ! Vous êtes capable de reconnaître la moustache d'un de vos marins à plus de deux cents mètres ? demanda-t-elle comme un défi.

– Affirmatif ! répondit naïvement le capitaine. Seulement moussaillon, je n'ai aucun marin à moustache dans mon équipage. Cela fait négligé. Pas de moustache à bord, c'est ma règle d'or.

Il semblait si sûr de lui que Stella ne dit plus rien. Son regard était fixé sur le petit hublot, à l'avant du bateau. Le personnage mystérieux avait disparu…

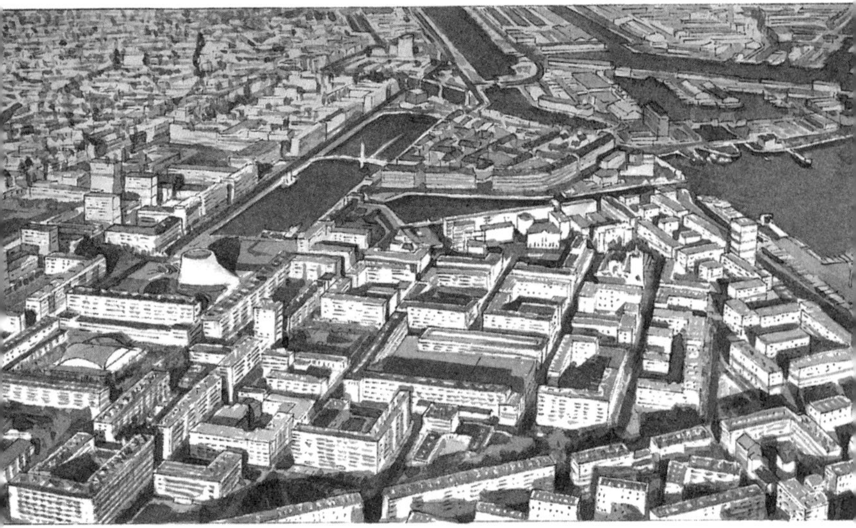

Chapitre 3

Jojo le Pétard

Le Havre, le 25 mai

Quinze jours plus tôt, un événement avait troublé la tranquillité de la grande ville portuaire du Havre…

20 h 15. Edmond Cholet, un vieux bijoutier de la rue du Diamant, s'apprêtait à fermer boutique. Il prenait le frais sur le pas de sa porte quand soudain…

– La caisse et les bijoux que tu viens de mettre au coffre. Vite ! Sinon ! ! ! lui avait susurré une voix étouffée. Le bijoutier, effrayé, s'était tourné vers

son interlocuteur et s'était retrouvé nez à nez avec le canon froid d'un gros pistolet. Un homme vêtu de noir avec un bas de soie sur la tête le menaçait. Edmond Cholet était rentré en tremblant dans sa boutique. Les larmes aux yeux, il avait déposé dans le sac de sport du malfaiteur 55 000 francs en petites coupures et au moins pour 450 000 francs de bijoux.

– Joli pactole ! avait sifflé sous son bas le malfaiteur.

Satisfait de son butin, il avait assommé le bijoutier d'un coup de crosse de pistolet sur la tête, puis il s'était enfui en courant dans la rue. Personne ne l'avait vu agir. Il était monté à bord d'une voiture et avait filé en trombe.

Le braquage avait pris moins de trois minutes.

C'était un pro qui avait fait le coup, et pas n'importe lequel.

Il s'appelait Georges Pétard, dit Jojo le Pétard. Un dangereux malfaiteur qui venait de s'évader de la prison centrale de Rouen cinq jours plus tôt.

– Bon sang, y'a des flics partout ! avait grogné Jojo en enlevant le bas qui lui déformait le visage.

Dans les pinceaux de ses phares, il avait aperçu un barrage. Depuis son évasion, il était recherché par toutes les polices de la région.

Avant d'être repéré, il avait viré brusquement à droite et pénétré dans la zone portuaire. Là au moins il serait tranquille. À cette heure, pas un chat ne rôdait dans le coin. Il avait roulé au pas le long des quais en réfléchissant. Pour échapper à la police, il n'avait qu'une

seule solution : quitter le pays avec son butin. Il lui fallait trouver un bateau prêt à partir et s'y faufiler en douce en attendant le départ au petit matin.

« Mais où trouver ce satané rafiot ? » se demandait Jojo en scrutant les quais par le pare-brise de sa voiture.

Le néon du Bureau des affaires maritimes clignotait à deux cents mètres devant lui. La chance lui souriait.

Il s'était garé dans un coin et avait couru jusqu'à la porte d'entrée. Fermée à clef !

Jojo avait souri. Aucune serrure ne pouvait lui résister. Il l'avait crochetée en quelques secondes et était entré dans un vieux bureau qui sentait le sel de mer et la transpiration. Sur une table un grand registre était ouvert à la page du jour. La liste des bateaux en partance était là sous ses yeux. Il l'avait parcourue rapidement. Son doigt s'était arrêté sur un nom : L'*Ariana* – Départ : 26 mai 6 h 30 – Destination : Guyane française, Amérique du Sud – Quai P6A.

Un bateau pour traverser l'Atlantique le lendemain matin, que lui fallait-il de plus ?

Son précieux sac de sport sur l'épaule, le truand s'était rendu au pas de course quai

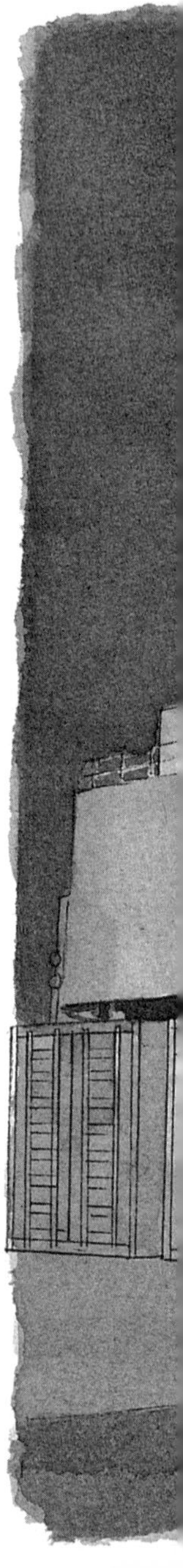

P6A dans la partie sud de la zone portuaire. Deux bateaux gigantesques étaient en attente. Le premier nommé *M. N. Toucan*, et le second… l'*Ariana*. Jojo avait regardé autour de lui. Dans le silence de la nuit on entendait seulement le clapotis des vagues contre les coques. Il s'était hissé le long du câble en acier qui menait à l'amarrage arrière du bateau et, tel un chat, avait sauté par-dessus les cordages sur le pont de l'*Ariana*. Personne. Pas de garde à l'horizon. Il avait rampé autour des chaloupes et s'était infiltré dans une bouche d'aération qui menait aux cales. Il s'y était laissé glisser sans bruit. Le bateau était très certainement surveillé car Jojo avait perçu des voix, étouffées par le sifflement d'une légère brise marine.

Il avait regardé sa montre à la lueur de son briquet.

« Une heure du matin. Je commence à fatiguer ! »

Une évasion, un braquage de bijouterie, l'escalade de la coque d'un bateau, ça faisait beaucoup pour un seul homme. Dormir pour récupérer, voilà ce qu'il lui fallait. Jojo s'était calé contre un énorme conteneur. Comme lit, c'était un peu limité, mais il avait pris son sac et s'en était confectionné un oreiller. Installé confortablement, il avait sorti de sa poche le journal *Ouest-France* relatant son évasion. Son portrait s'étalait à la une avec une légende : « Cet homme est dangereux ». Il s'était endormi en songeant que bientôt il serait un homme libre.

Chapitre 4

Le port spatial de l'Europe

Cayenne, le 10 juin

Le chargement des deux conteneurs venait de se terminer. Ils reposaient maintenant sur le camion. Mathias et ses camarades le longèrent. Spécialement adapté pour le convoyage exceptionnel, il allait se déplacer à la vitesse de 50 km/h et mettre plus de deux heures pour atteindre le centre spatial guyanais à Kourou. À côté de ce monstre, Stella paraissait minuscule. Soudain son regard fut attiré par un morceau de papier froissé coincé entre le pignon avant du camion et un conteneur.

« C'est quoi ce truc ? » se dit-elle.

Elle le retira doucement et le déplia. C'était un article de journal avec une photo.

– Stella Crouspin, que faites-vous là ?

Une voix sèche résonna dans son dos. Elle se retourna. Madame Lespadon la regardait mains sur les hanches, l'air soupçonneux.

– Dépêchez-vous de rejoindre vos camarades. On nous attend sur la base de Kourou.

Stella courut à toutes jambes jusqu'à l'autocar. Le groupe était au complet. On pouvait démarrer.

Le chauffeur reprit la nationale 1, direction Kourou.

La nationale 1 est la plus grande route de Guyane française. Elle s'étale le long de la côte atlantique sur près de 350 km entre le Surinam et le Brésil. On raconte que les prisonniers du bagne des îles du Salut l'ont construite juste après la guerre de 14-18, un chantier qui dura plusieurs années. Les bagnards devaient travailler sous la chaleur torride de la saison sèche, et sous les orages et les inondations de la saison des pluies.

Stella s'était assise toute seule au dernier rang de l'autocar. Elle voulait lire tranquillement son article.

« Jojo le Pétard est en cavale », disait le gros titre.

Il était question d'un certain Georges Pétard, dit Jojo le Pétard, qui s'était évadé de la prison de Rouen le 20 mai dernier. Il avait commis de nombreux vols à main armée et venait d'être condamné à 10 ans d'emprisonnement pour avoir blessé grièvement un policier lors de son dernier braquage. L'article se concluait par cette phrase :

« Attention, cet homme est dangereux. Si vous l'apercevez, contactez d'urgence les services de police ou de gendarmerie. »

Une photo illustrait l'article. Stella avait déjà vu ce visage quelque part. Mais où ? Elle chercha dans sa mémoire et soudain elle se rappela. Jojo le Pétard était sur l'*Ariana*. Elle l'avait entraperçu derrière un hublot de la cale.

Ce dangereux malfaiteur était arrivé en Guyane en passager clandestin et la seule personne qui était au courant, c'était elle. Elle ne pouvait pas garder ce lourd secret pour elle seule. Il fallait tout raconter à quelqu'un. Peut-être à Mathias.

L'autocar arriva aux portes du centre spatial guyanais. Le centre était implanté au milieu d'une savane de 96 000 hectares, en bordure de l'océan Atlantique. On avait choisi cette zone par mesure de sécurité, car elle était éloignée des habitations et toute proche de l'océan au cas où le lanceur viendrait à retomber prématurément.

À l'entrée du centre trônait la grande maquette d'Ariane 5, la dernière-née de la famille. Plus grosse et plus puissante que les fusées précédentes. Avec ses deux gros propulseurs attachés sur les côtés, elle dominait le quartier général du centre. Derrière, se trouvaient les bâtiments administratifs. Toutes les missions Ariane y étaient minutieusement préparées et planifiées. À 15 km de là, sur les ensembles de lancements Ariane, on pouvait préparer simultanément deux campagnes de lancement.

L'autocar se gara sur le parking du bâtiment du centre Jupiter. Les collégiens excités sortirent de l'autocar en se bousculant et Madame Lespadon eut du mal à les calmer.

– Vous n'êtes pas dans la cour de récréation du collège ici. Je vous demande un peu de tenue, s'il vous plaît !

Stella sortit en dernier de l'autocar, elle était pâle. Mathias s'avança vers elle, inquiet.

– Qu'est-ce que t'as, sœurette, t'es malade ? Tu fais une drôle de tête.

– Non, j'suis pas malade. Il faut que je te dise quelque chose de très important. Tu sais…

– Non, j'sais pas et j'ai pas envie de savoir. Maintenant y'a la visite. C'est plus intéressant que ton truc si important…

Stella serra les poings. Elle avait envie de boxer son frère. Son secret, elle le garderait pour elle toute seule.

Alex Rocket démarra la visite par le centre de contrôle Jupiter. Toutes les missions Ariane étaient orchestrées depuis cet endroit stratégique. La salle vide paraissait gigantesque avec ses rangées de pupitres aux multiples boutons et ses écrans de contrôle éteints. Tout était silencieux. C'était impressionnant.

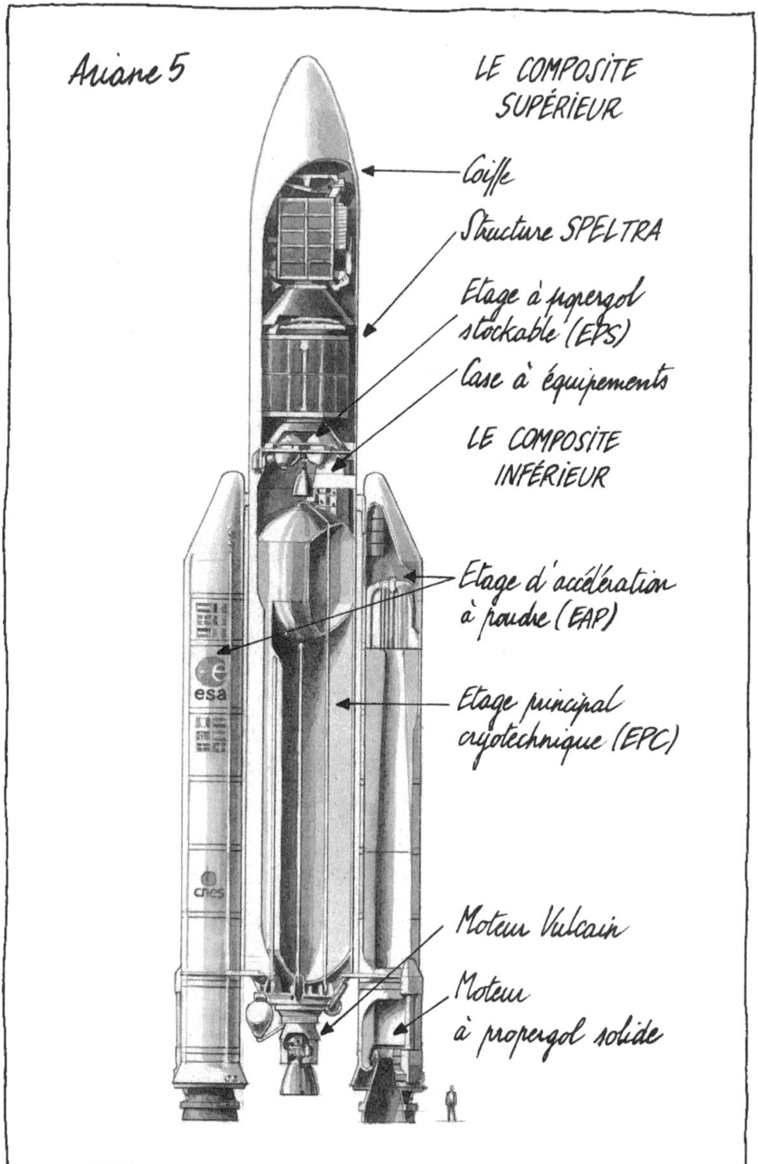
Ariane 5
LE COMPOSITE SUPÉRIEUR
Coiffe
Structure SPELTRA
Etage à propergol stockable (EPS)
Case à équipements
LE COMPOSITE INFÉRIEUR
Etage d'accélération à poudre (EAP)
Etage principal cryotechnique (EPC)
Moteur Vulcain
Moteur à propergol solide
esa
cnes

– Il faut imaginer cette salle quelques instants avant un lancement. C'est une vraie fourmilière. Les techniciens font les dernières vérifications. Chacun a l'œil rivé sur son écran de contrôle, attendant, avec un petit pincement au cœur, le départ de la fusée, expliqua Alex Rocket debout devant un écran géant.

Toute la classe de Mathias s'était installée sur les gradins qui surplombaient la salle. Cette partie était réservée aux invités, comme les industriels fabriquant le lanceur Ariane, les ministres ou les chefs d'État des pays membres de l'Agence spatiale européenne et les clients d'Arianespace pour lesquels les satellites étaient lancés. Ils arrivaient du monde entier. Dernièrement une délégation venue du Caire avait assisté au lancement du premier satellite de télécommunication égyptien, destiné à diffuser des programmes de télévision en arabe.

– C'est là, derrière la vitre qui sépare les invités des équipes opérationnelles, au milieu du troisième rang, que le directeur d'Opérations est assis. C'est lui qui coordonne le lancement. Il a à sa droite son adjoint et à sa gauche le chef de mission d'Arianespace qui est le responsable vis-à-vis des clients.

Sur l'écran géant était dessiné un diagramme incompréhensible.

– C'est quoi le dessin qui est à l'écran ? On dirait un problème de géométrie, demanda Mathias.

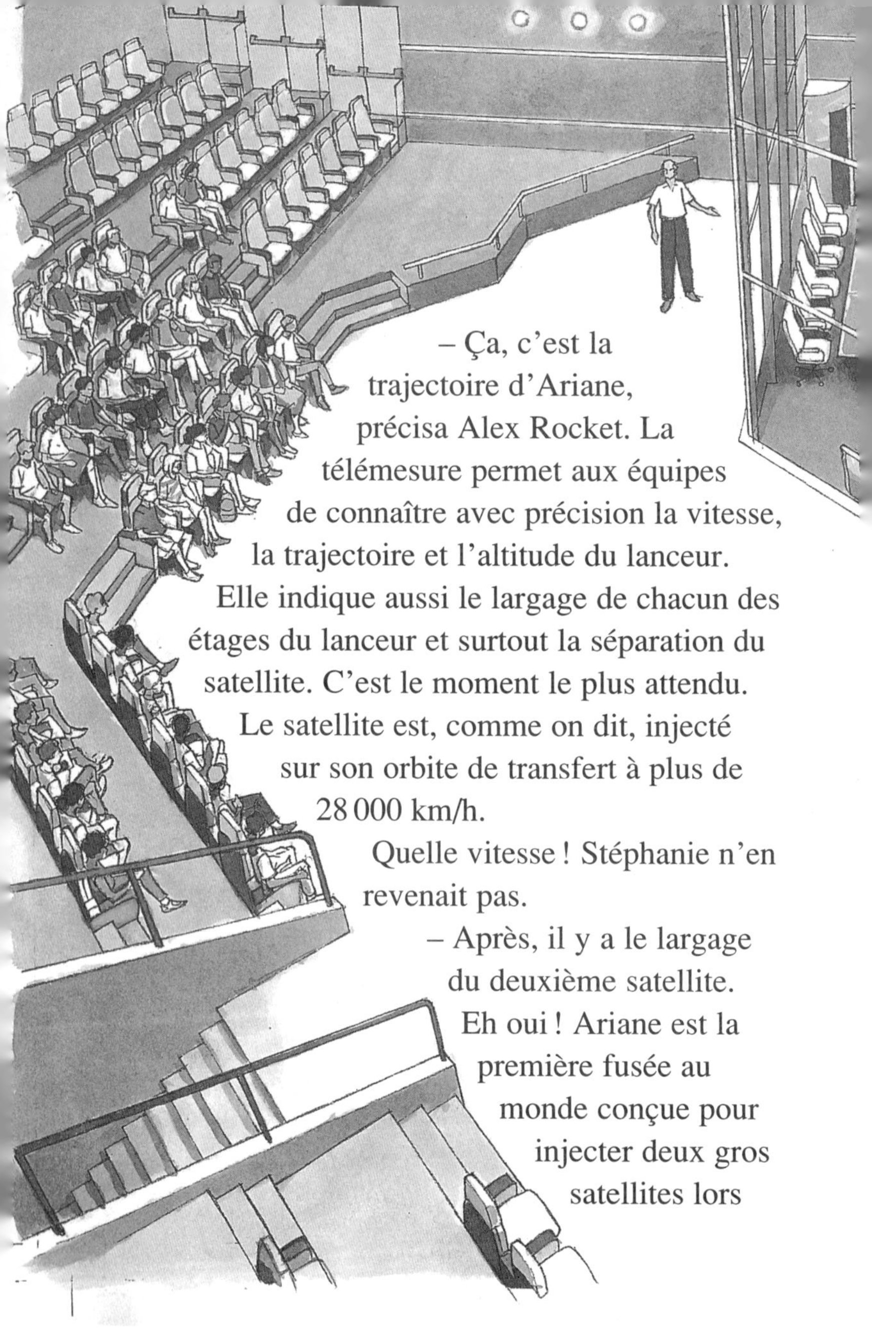

– Ça, c'est la trajectoire d'Ariane, précisa Alex Rocket. La télémesure permet aux équipes de connaître avec précision la vitesse, la trajectoire et l'altitude du lanceur. Elle indique aussi le largage de chacun des étages du lanceur et surtout la séparation du satellite. C'est le moment le plus attendu. Le satellite est, comme on dit, injecté sur son orbite de transfert à plus de 28 000 km/h.

Quelle vitesse ! Stéphanie n'en revenait pas.

– Après, il y a le largage du deuxième satellite. Eh oui ! Ariane est la première fusée au monde conçue pour injecter deux gros satellites lors

de la même
mission, et cela à
quelques minutes d'intervalle. À ce moment-là, croyez-moi, chacun retient son souffle et quand le directeur d'Opérations annonce au micro : « trajectoire normale, vitesse normale, séparation des satellites… », ça y est, on respire, la mission est réussie. Alors tout le monde applaudit et se félicite.

Les enfants étaient cloués sur leur siège, silencieux. Ils avaient le regard fixé sur les écrans de contrôle, comme si le lancement allait avoir lieu.

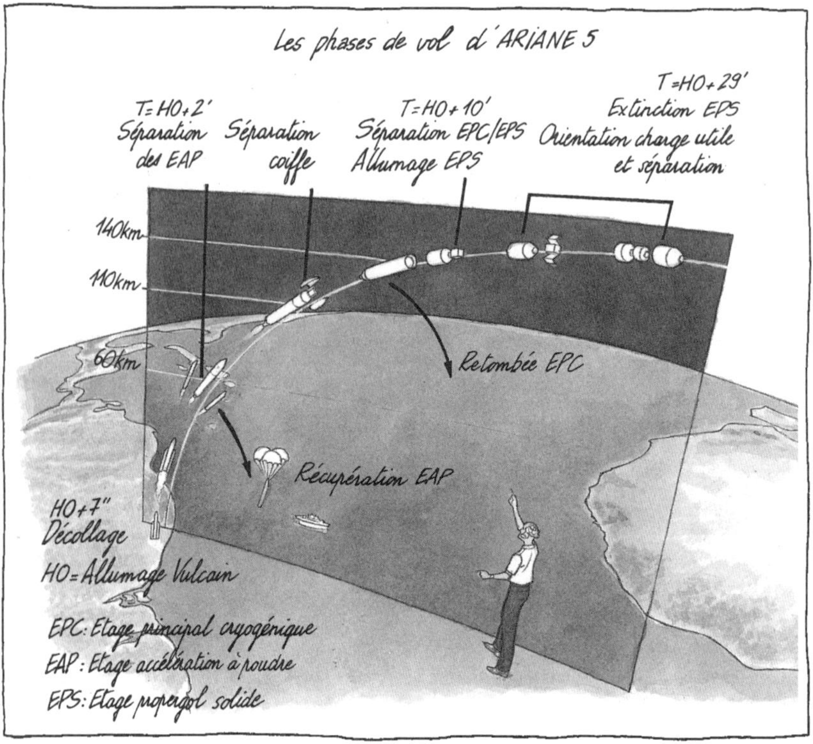

La seule à n'avoir pas vibré comme les autres, c'était Stella. Elle était inquiète.

Le groupe sortit du centre Jupiter et reprit l'autocar en direction des zones d'assemblage et de lancement qui se trouvaient à quinze minutes de là :

– Ces endroits sont normalement interdits au public. Nous avons de la chance de les visiter. Ariane 5 est montée dans ces deux bâtiments. On les appelle la B.I.L. et la B.A.F., annonça madame Lespadon.

– Non, *le* B.I.L. et *le* B.A.F., rectifia Alex Rocket.

Rire général dans le groupe. Le professeur rougit de confusion.

– Premier bâtiment, le B.I.L. C'est le Bâtiment d'intégration du lanceur. C'est ici qu'Ariane 5 est montée sur sa table de lancement. Ensuite, après avoir attaché les deux propulseurs de chaque côté du premier étage, l'ensemble est transporté dans l'autre bâtiment que vous voyez là-bas, le B.A.F, le Bâtiment d'assemblage final.

Là, les techniciens mettent les satellites et leur coiffe sur le deuxième étage. Ensuite, l'ensemble de la fusée est transporté sur ces rails, tout doucement, à la vitesse d'un escargot, vers la zone de lancement.

La zone de lancement se situait dans un espace dégagé et aride. Au milieu on pouvait voir des ouvertures bétonnées et noircies, les carneaux.

– Il faut près de trois semaines au lanceur que vous avez vu à Cayenne ce matin pour arriver jusqu'ici complètement assemblé et prêt à décoller. Cela peut vous paraître long, mais croyez-moi, les techniciens ne chôment pas. Au moment du décollage, c'est plus de 700 tonnes qui s'élèvent vers le ciel en quelques secondes. Ariane crache alors toute son énergie dans les carneaux.

Ça fait un boucan assourdissant.

– Alors tout brûle ? demanda naïvement Stéphanie.

LE BÂTIMENT D'INTÉGRATION DU LANCEUR (B.I.L.)

Ce bâtiment est le premier qui voit l'arrivée du lanceur Ariane 5 après son débarquement du bateau. Il se compose d'un hall de déstockage et d'une zone d'intégration de la partie inférieure du lanceur.

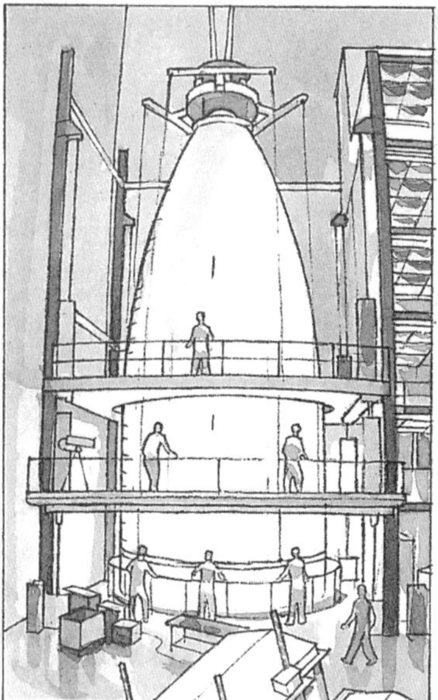

LE BÂTIMENT D'ASSEMBLAGE FINAL (B.A.F.)

Une fois prête, la partie inférieure du lanceur est acheminée par rail du B.I.L. vers le B.A.F. afin de procéder à l'assemblage final avec sa partie haute. Celle-ci se compose d'une coiffe et de satellites posés sur des adaptateurs.

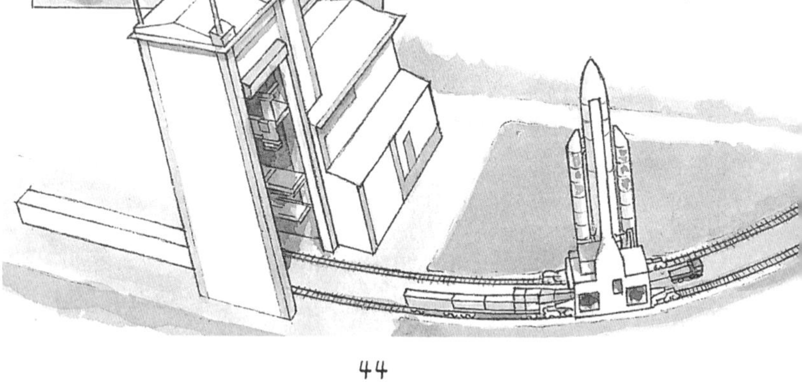

LE SITE DE LANCEMENT

Cette zone, située à 2500 mètres du BAF, accueille la table avec son lanceur la veille du lancement. C'est une zone équipée de réservoirs et de circuits de remplissage en oxygène et hydrogène liquide, ainsi que d'un système de déluge qui déverse plusieurs tonnes d'eau sur la table afin d'en réduire la chaleur et d'atténuer le bruit au moment du décollage.

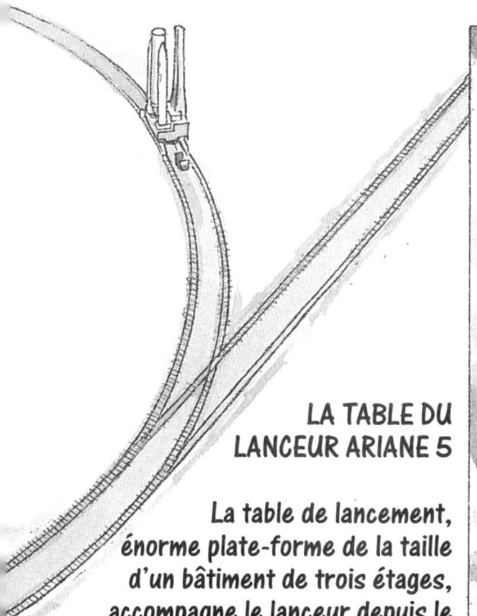

LA TABLE DU LANCEUR ARIANE 5

La table de lancement, énorme plate-forme de la taille d'un bâtiment de trois étages, accompagne le lanceur depuis le B.I.L. jusqu'à son décollage. Elle est composée de systèmes électriques et pneumatiques et d'un mât de 57 mètres.

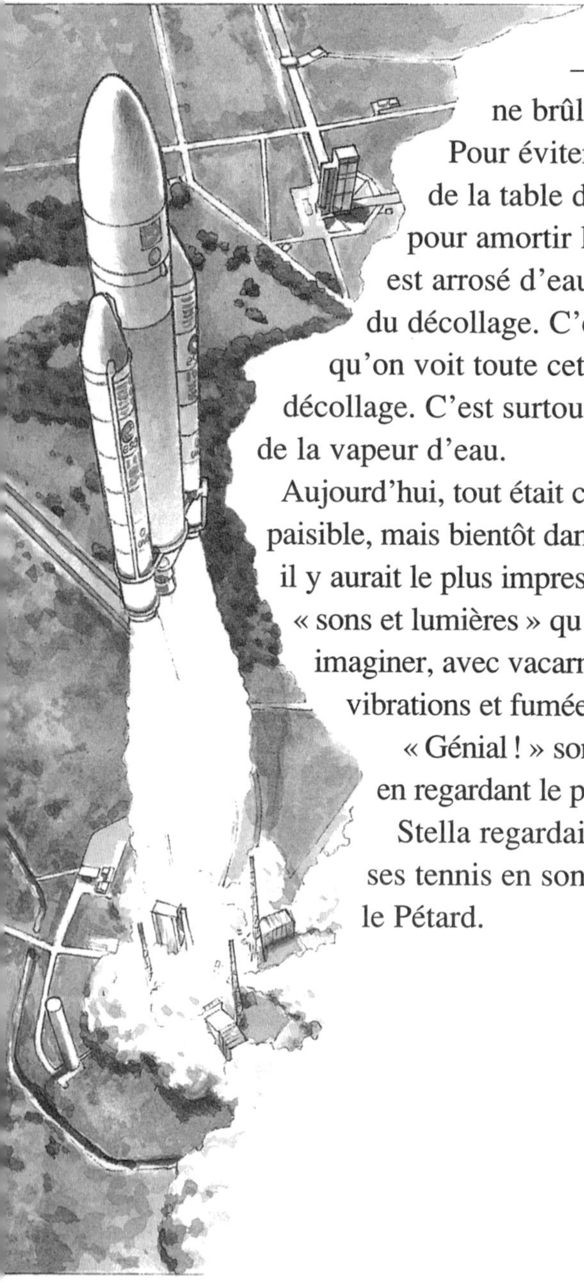

– Non, rien ne brûle, rassure-toi. Pour éviter la surchauffe de la table de lancement et pour amortir le bruit, le site est arrosé d'eau au moment du décollage. C'est pour cela qu'on voit toute cette fumée au décollage. C'est surtout de la vapeur d'eau.

Aujourd'hui, tout était calme et paisible, mais bientôt dans cette zone, il y aurait le plus impressionnant des « sons et lumières » qu'on pouvait imaginer, avec vacarme de moteurs, vibrations et fumée.

« Génial ! » songea Mathias en regardant le pas de tir.

Stella regardait le bout de ses tennis en songeant à Jojo le Pétard.

Chapitre 5

La police est au courant

Retour à l'entrée de la base spatiale. Au moment où le groupe quittait Alex Rocket, une voiture de police, gyrophare tournoyant et sirène hurlante, arriva. Un homme, les cheveux en bataille, en sortit. C'était l'inspecteur principal Pigetou. Il s'approcha de l'ingénieur de l'E.S.A. et de madame Lespadon. Ils discutèrent un moment. Après un instant, le visage crispé, Alex Rocket s'adressa aux enfants.

– Il y avait un passager clandestin à bord de l'*Ariana*. On a retrouvé des restes de nourriture et un matelas dans les cales du bateau. La police ne pense pas que cette personne cherche à saboter la prochaine campagne de lancement d'Ariane, mais par prudence, nous devons mettre la base spatiale sous haute sécurité.

Murmures d'étonnement dans les rangs du groupe.

– D'après la police du Havre, intervint l'inspecteur Pigetou, tout coïncide avec la date d'évasion d'un certain Jojo le Pétard et le vol d'une bijouterie du centre-ville. Nous allons diffuser sa photo. Est-ce que quelqu'un parmi vous aurait vu quelque chose de suspect sur le port de Cayenne ce matin ?

Les collégiens gardèrent le silence, personne n'avait rien vu. Stella se mit à rougir. Elle savait, mais n'osa rien dire. L'inspecteur jeta un regard méfiant à la ronde en marmonnant entre ses dents.

– Je suis sûr qu'ils savent quelque chose, ces gamins…

Puis il remonta dans la voiture de police et repartit en trombe.

Dans l'autocar, les conversations allaient bon train sur le mystérieux Jojo le Pétard. Que venait-il faire en Guyane ? Était-il armé et dangereux ? Où se cachait-il ?

Il était déjà presque sept heures du soir quand l'autocar arriva au collège Saint-Jean. Le proviseur attendait le groupe avec impatience car il avait une bonne nouvelle pour eux.

– Je viens de recevoir la confirmation du directeur du centre spatial. Vous êtes invités au prochain lancement d'Ariane le 12 juin.

Les collégiens explosèrent de joie.

Ce soir-là au dîner, chez les Crouspin, on ne parla que d'espace. Mathias raconta dans le détail la visite à ses parents. Il était excité comme une puce à l'idée de voir « pour de bon » Ariane décoller.

Personne ne fit allusion à « l'affaire » du passager clandestin.

Avant de s'endormir, Stella relut l'article de journal qu'elle avait trouvé. Elle regarda fixement la photo. Un frisson la parcourut. Elle laissa sa lampe de chevet allumée. Une petite précaution en cas de cauchemar.

Chapitre 6

Les îles du Salut

Kourou, le 11 juin

– Aujourd'hui, on passe la journée au bagne ! annonça tout sourire Sandrine Crouspin à ses enfants.

Stella et Mathias étaient contents. Comme tous les enfants qui aiment se faire peur, ils adoraient jouer aux gendarmes et aux voleurs parmi les ruines du bagne.

– J'ai demandé aux Girard de venir avec nous, poursuivit-elle.

Les Girard, c'était Stéphanie, son frère Clément et leurs parents. Les deux familles se connaissaient bien. Leurs enfants étaient dans le même collège, avaient le même âge et sortaient souvent ensemble.

À onze heures tout le monde se retrouva au petit embarcadère de Pariacabo.

La traversée dura moins de deux heures. À bord les enfants avaient échafaudé le plan de leur journée.

– On laisse les parents au restaurant et nous on part pique-niquer de notre côté. O.K. ? proposa Mathias.

– O.K. ! répondirent les trois autres.

Le bateau accosta sur l'île Royale, la plus grande des trois îles du Salut. C'était un véritable musée. On pouvait visiter différents bâtiments du bagne comme la maison du directeur, l'église, l'hôpital,

Ile du Diable
1 la maison de Dreyfus
Ile Royale
N
E
S
O
5 l'ancienne maison du directeur
2 le cinéthéodolithe
3 l'hopital militaire
4 l'église

[6] le cimetière des surveillants

[7] les cellules de la réclusion

Ile Saint Joseph

[8] Cocoteraie

Les Iles du Salut

L'archipel des îles du Salut, situé au nord des pas de lancement d'Ariane à 14 kilomètres de la ville de Kourou, est composé de trois îles : Royale, Saint-Joseph et le Diable. Connues pour leur bagne légendaire, les îles du Salut ont vu arriver les premiers détenus en mai 1852 (nombre de forçats et de déportés arrivant par vagues de 1000 à 2000 pour certaines périodes). Le plus célèbre d'entre eux fut le capitaine Dreyfus, isolé pendant quatre ans sur l'île du Diable pour haute trahison politique. De son passage ne subsiste que l'ancienne cabane de laquelle il ne voyait même pas la lumière du jour. Aujourd'hui, les îles ainsi que les vestiges du bagne définitivement fermé depuis 1947, sont visités par de nombreux touristes. L'île Royale, équipée d'un cinéthéodolite, sorte de caméra géante, filme le lanceur Ariane 5 pendant les premières minutes qui suivent son lancement, notamment lors de son passage à la verticale des îles.

les maisons des gardiens, la sinistre morgue et le quartier cellulaire.

Face à elle, on apercevait d'un côté l'île Saint-Joseph et de l'autre l'île du Diable. Cette dernière était devenue tristement célèbre car c'est là que fut détenu, à la fin du siècle dernier, le capitaine Dreyfus pendant plus de quatre ans. Il avait été accusé à tort d'espionnage au profit de l'Allemagne. On y trouvait encore la maisonnette dans laquelle il dormait et le banc de pierre sur lequel il restait assis toute la journée, seul, face à l'océan. Aujourd'hui, ce site n'est plus ouvert aux touristes.

Sac sur le dos, les enfants étaient prêts à partir à l'aventure.

– Ne vous éloignez pas et surtout interdiction de vous baigner en

la piscine des bagnar

dehors de la « piscine », recommanda Sandrine Crouspin.

La « piscine » était une espèce d'avancée sur la mer dans laquelle se lavaient les bagnards. C'était le seul lieu de baignade de l'île. En dehors d'elle, il était impossible de nager, les courants vous emportaient au large et les requins rôdaient.

– Promis, juré, nous ferons attention, répliqua Mathias.

C'était l'aîné de tous, et en tant que tel, il prenait très au sérieux la responsabilité du groupe. Pas de risques inutiles avec lui.

– Retour ici à dix-sept heures. Et qu'aucun de vous ne manque à l'appel. Compris ? ordonna en souriant Jérôme Crouspin.

– Bien chef ! répondirent en chœur les enfants.

– Rompez les rangs !

« Le club des 4 » se mit en marche vers les deux carbets qui servent de gîtes pour les pompiers du centre spatial voulant passer la nuit sur l'île. Le chemin pour y accéder était long et abrupt. Le soleil tapait dur. La vitalité du départ laissa place à la lenteur. Très vite la chaleur, la fatigue et la faim se firent sentir. Le premier carbet était en vue.

– Il fait trop chaud pour marcher. On s'arrête ici à l'ombre de ces cocotiers pour déjeuner, dit Stella en posant son sac à dos. Son dos était trempé de sueur.

– Géniale la vue ! D'ici on voit l'île du Diable ! s'écria Clément.

– Regardez là-bas, sous les arbres, c'est la maison de Dreyfus ! Elle est minuscule, précisa Mathias. Il paraît même que Dreyfus avait pour seul compagnon son geôlier, avec qui il est devenu ami à la fin.

– Mathias, tu crois qu'on pourrait aller jusque là-bas en nageant ? demanda Stéphanie, très intéressée.

– Ça va pas non ! On ne peut pas nager jusqu'à là-bas. Il y a eu trop d'accidents. Souviens-toi l'an dernier, deux hommes se sont baignés et ont été emportés par les courants. On ne les a jamais retrouvés… c'est pour ça qu'on a construit un bagne dans ces îles. On ne pouvait pas s'en échapper. Les bagnards qui tentaient de s'évader à la nage s'épuisaient contre les courants ou se faisaient dévorer par les requins.

– Peut-être qu'on pourrait demander à un pêcheur de nous amener en bateau sur l'île, demanda Clément. Je suis sûr que si tu dis que ton père travaille ici comme gendarme, ça marche.

– Peut-être. Pour l'instant, on se calme, on déjeune, après on verra, fit Mathias d'un ton sec. En tant que chef de bande il se devait d'avoir le dernier mot.

Ils mangèrent leur sandwich les yeux rivés sur l'île du Diable. Elle les attirait. Elle semblait les appeler. Mathias se leva décidé. Il pointa son doigt vers la petite île mystérieuse.

– On y va !

Chapitre 7

L'île du Diable

Les enfants arrivèrent au vieil embarcadère un peu avant quinze heures. Deux petits bateaux y étaient ancrés. Assis à l'ombre d'une cabane, face à l'océan, un vieil homme, casquette de marin sur la tête, sommeillait. Mathias le reconnut. C'était Job, un vieux pêcheur de Kourou. Il s'approcha de lui doucement et commença à le secouer.

– M'sieur Job. M'sieur Job !

Le vieux leva la tête et ouvrit les yeux. Son visage était buriné par la mer et le temps.

– Pardon m'sieur. J'suis le fils de Jérôme

Crouspin, le gendarme. Il est en poste sur l'île et…

– T'excite pas fiston, je connais ton père depuis qu'il est gamin comme toi. Il est de garde aujourd'hui ?

– Non, c'est son jour de repos. Il déjeune avec les parents de nos amis au restaurant du Grand Carbet là-haut. Nous on se balade. On aimerait bien visiter l'île du Diable.

– Impossible mon p'tit gars. On n'emmène plus de touristes là-bas. C'est trop dangereux. Désolé les jeunes !

Mathias fit la moue. Il se tourna vers les autres qui lui firent signe d'insister.

– Mais on n'est pas des touristes, nous. On habite Kourou. Allez, s'il vous plaît, m'sieur Job, emmenez-nous.

– Rien qu'une petite heure. Une toute petite heure ! renchérit Stella en utilisant son plus joli sourire pour amadouer le vieil homme.

Job s'inclina. Faire visiter la fameuse île du Diable à des jeunes en quête d'aventure l'amusait, et puis son vieux rafiot devait reprendre du service avant que la rouille ne l'attaque.

– D'accord, les p'tits. On fait un p'tit tour là-bas et on revient.

Il connaissait l'endroit comme sa poche. Il avait longtemps été passeur, transportant les visiteurs d'une île à l'autre.

La mer était calme, il n'y avait presque pas de courant. Il leur fallut une dizaine de minutes pour faire la traversée. Le bateau approcha avec difficulté. Job l'amarra à une grosse pierre. Les enfants regardaient autour d'eux, fascinés. La mystérieuse île du Diable était enfin là, sous leurs pieds. On apercevait au loin le toit sombre d'une maisonnette.

Le vieux annonça :

– Ça, c'est la cabane du capitaine Dreyfus.

Pour y accéder il fallait suivre un sentier escarpé. C'était une maisonnette toute simple qui ne payait pas de mine. Stella s'approcha et scruta l'intérieur.

– Oh ! regardez, c'est la chambre ! C'est bizarre, on dirait qu'elle est habitée.

– Non, la cabane a été réaménagée comme elle était du temps de Dreyfus, précisa le vieux passeur. On a l'impression qu'il vit encore là, hein !

– Pauvre capitaine, il a dû s'ennuyer à mourir ici, murmura Clément.

– Ça c'est sûr. Il n'y avait pas la télé à son époque. Il passait son temps à chasser les papillons. Il avait un petit jardin botanique avec plus de deux cents espèces de plantes tropicales… Il paraît même qu'un jour…

Le vieux Job racontait et chacun écoutait. Stella observait les environs, mal à l'aise. Soudain elle entendit un bruit derrière la cabane. Elle sursauta et demanda, un peu effrayée.

– C'est quoi ce bruit ? Il y a quelqu'un qui habite ici Job ?

– Mais non, c'est désert.

À part elle, personne n'avait rien entendu. Stella était de moins en moins rassurée. L'ambiance commençait à devenir tendue.

– Où se trouve le fameux banc en pierre ? demanda Clément, changeant de sujet pour détendre l'atmosphère.

– Un peu plus loin, de l'autre côté de l'île. On peut y faire un saut si vous voulez.

Le vieil homme prit un chemin entre les arbres. Les enfants le suivirent.

Stéphanie s'approcha de Stella qui avait l'air contrariée.

– Qu'est-ce t'as ? T'as pas l'air dans ton assiette.

– Tu sais, ces temps-ci je vois des trucs bizarres. L'autre jour, au port de Cayenne, j'ai vu un type avec une grosse moustache à travers le hublot de l'*Ariana*. Et puis, il y a cette histoire de passager clandestin. Maintenant, j'ai l'impression de voir et d'entendre des voleurs partout.

– T'as rien dit à Mathias ?

– Tu parles, il ne me croirait pas ! Il penserait que je vois des fantômes partout et que je suis froussarde.

– Parles-en à ton père. Va savoir, peut-être que t'as trouvé une piste.

– Peut-être…

Le vieux banc en pierre faisait face à la mer. Dreyfus avait passé des heures assis à méditer sur son sort en regardant l'océan. Ils restèrent là un moment à contempler le large. Le vieux Job regarda sa montre. 16 heures 10. C'était le moment de rentrer. Ils retournèrent à la cabane. C'est alors que Stella se mit à hurler.

– Le visage à la fenêtre ! C'est le même que sur l'*Ariana*. Là-bas… Là-bas… bégaya-t-elle.

Tout le monde regarda la fenêtre. Personne. Elle sortit l'article de sa poche et montra la photo.

– C'est Jojo le Pétard que j'ai vu. Celui que tout le monde recherche. C'est lui qui est ici.

L'article passa de mains en mains. Mathias fixa sa sœur d'un air ébahi.

– Où t'as trouvé ça ?

– Sur le port de Cayenne. Il était accroché à un conteneur d'Ariane.

Il y eut un silence pesant dans le groupe.

– J'y vais, lança Mathias.

Il courut vers la cabane, courbé en deux pour ne pas se faire repérer. Il arriva à la porte et jeta un regard furtif à l'intérieur. C'était vide. Jojo le Pétard était parti. Mais avait-il été vraiment là ?

Stella sentit le regard interrogateur des autres sur elle.

– J'suis pas folle. Il était là derrière la fenêtre. Croyez-moi, il faut avertir la police, supplia Stella, prête à pleurer.

Stéphanie et Clément se tenaient par la main, pas rassurés, et Job soupirait en marmonnant.

– J'aime pas ça ! J'aime pas ça !

Il y avait comme un malaise dans l'air.

– O.K., on rentre, dit Mathias.

Il sentait que leur aventure prenait une drôle de tournure. Il prit sa sœur par l'épaule et descendit vers le ponton avec ses compagnons. Là, une autre « surprise » les attendait.

– Nom de nom ! Mon bateau a disparu, dit Job d'une voix rauque.

– Regardez, s'écria Clément, en montrant l'embarcation à deux mètres de la rive. Elle était pilotée par un inconnu moustachu.

– Au voleur ! Au voleur !

Chapitre 8
La poursuite

Le vieux Job jeta de rage sa casquette au sol.

– Nom d'un poulpe farci ! Pourquoi que j'vous ai emmenés ici !

Mathias se sentait responsable de cette situation. C'est lui qui avait obligé le vieux pêcheur à les accompagner sur l'île. Il fallait qu'il trouve une solution et vite. Il regarda autour de lui.

– Regardez là-bas ! fit-il en montrant un amas de feuilles de cocotier. Dessous on apercevait une barque. Jojo le Pétard l'avait sans doute planquée là. L'espoir revenait. Malheureusement, l'embarcation était trop petite pour tout le monde. Les garçons partiraient seuls prévenir la police.

– Pour passer les courants, faut souquer ferme les p'tits, recommanda Job.

– On compte sur vous pour nous envoyer vite des secours ! insista Stella. J'ai pas envie de poireauter des heures sur cette maudite île du Diable.

Clément et Mathias prirent chacun une rame et s'élancèrent dans les vagues. Ils ramèrent comme des fous en serrant les dents. Il fallait coûte que coûte passer les courants. La barque tanguait sur les flots en avançant doucement mais sûrement. Au loin, on apercevait Jojo le Pétard qui se dirigeait vers l'île Saint-Joseph. Les garçons ne tentèrent pas de le rattraper. Il était trop rapide et sans doute armé. Ils souquèrent vers l'île Royale. Ils accostèrent

près de l'embarcadère, épuisés et ruisselants d'eau. Sans prendre le temps de se reposer, ils partirent en courant sur le sentier qui menait au restaurant où se trouvaient les parents. Les voyant arriver sans les filles, ils les houspillèrent gentiment.

– Où sont vos sœurs ? On ne peut pas vous faire confiance !…

Ils laissèrent passer l'orage des réprimandes et purent enfin raconter leur aventure. Les parents écoutaient, ébahis par ce qu'ils entendaient.

– Si j'ai bien compris, fit Jérôme Crouspin, grâce à Stella on a retrouvé la piste de Jojo le Pétard qui est maintenant du côté de l'île Saint-Joseph. Bon, eh bien on va réclamer de l'aide pour le débusquer.

Il prit calmement son téléphone portable dont il ne se séparait jamais et appela le quartier général de la gendarmerie pour demander un hélicoptère de toute urgence. Il passa ensuite un coup de fil aux agents de sécurité du CNES, prévint le colonel de la légion étrangère et enfin laissa un message à l'inspecteur Pigetou. L'état d'alerte maximale était lancé.

Une dizaine de minutes plus tard, on entendit l'hélicoptère de la gendarmerie s'approcher de la zone d'atterrissage de l'île Royale. Sans arrêter le moteur, le pilote ouvrit la porte du cockpit à Jérôme Crouspin qui s'y engouffra. L'appareil redécolla aussitôt et s'élança vers l'île Saint-Joseph sous le regard émerveillé de Mathias. Il aurait payé cher pour suivre son père.

Pendant ce temps, on réglait le sauvetage de Stella, Stéphanie et le vieux Job. Il fallait agir vite, car il était déjà 17 heures 15 et la nuit tombe vite sous les latitudes guyanaises. De plus la mer commençait à devenir agitée.

Depuis le restaurant, Sandrine Crouspin alerta par radio les gardes-côtes. Une vedette fut dépêchée sur place pour recueillir le vieil homme et les deux collégiennes.

Ils se rappelleraient encore longtemps de leur virée sur l'île du Diable !

L'hélicoptère survolait l'île Saint-Joseph. Le pilote effectua un passage à basse altitude sur la rive sud de l'île. Le bateau volé par Jojo était attaché près d'un ponton mais le malfrat s'était envolé.

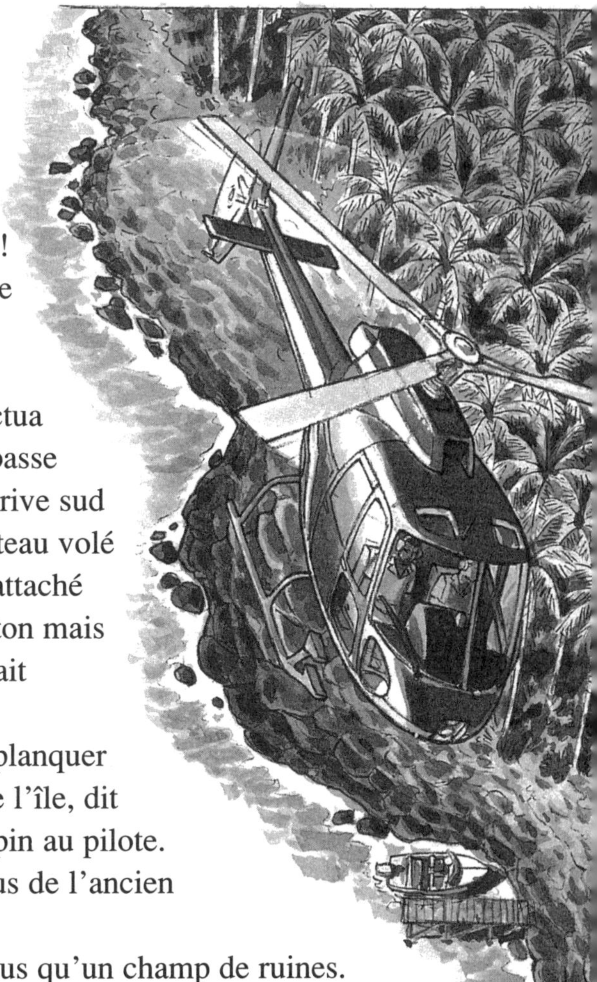

– Il a dû se planquer à l'intérieur de l'île, dit Jérôme Crouspin au pilote. Passe au-dessus de l'ancien bagne.

Ce n'était plus qu'un champ de ruines. On devinait, au travers de la végétation luxuriante, les cellules individuelles et les grandes salles communes de détention. Des centaines de prisonniers avaient souffert là-dedans.

Malgré deux allers et retours de l'hélicoptère, Jojo restait introuvable.

– Ici hélico Papa Tango à la base ! annonça à la radio de bord Jérôme Crouspin. Le suspect n'est toujours pas en vue. Envoyez des renforts pour ratisser le bagne. À vous !

– Ici la base. Sept vedettes font cap sur l'île Saint-Joseph. L'opération ratissage devrait commencer dans moins d'une heure. Terminé !

La légion étrangère, les gardes-côtes de la marine, la gendarmerie, la police et la sécurité de la base spatiale avaient mis leurs forces en commun pour tenter d'arrêter un seul et unique homme. En tout, une centaine d'hommes étaient à pied d'œuvre.

Jojo le Pétard goûtait ses dernières heures de liberté…

Chapitre 9

La capture de Jojo

Jojo marchait parmi les ruines de l'ancien bagne.

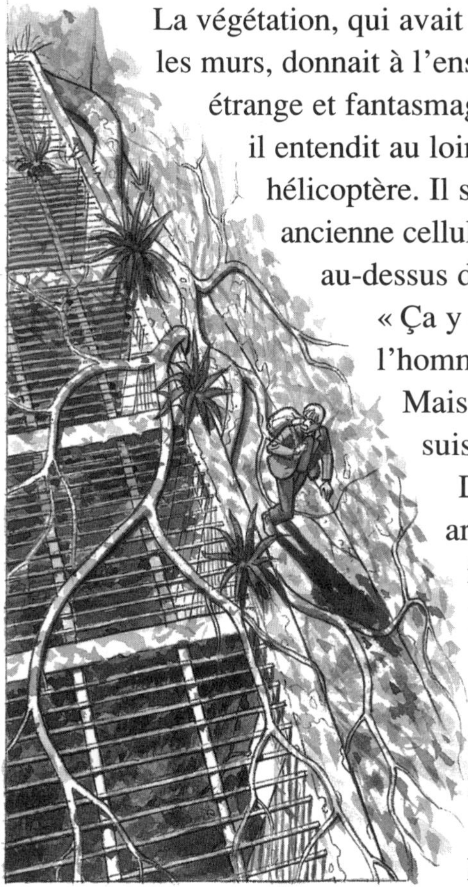

La végétation, qui avait totalement envahi les murs, donnait à l'ensemble une allure étrange et fantasmagorique. Soudain, il entendit au loin le bruit d'un hélicoptère. Il se cacha dans une ancienne cellule. L'appareil passa au-dessus de lui sans le voir.

« Ça y est, la chasse à l'homme commence ! Mais qu'est-ce que je suis venu faire ici ? »

Depuis qu'il était arrivé en Guyane, il n'avait que des problèmes. Son contact pour écouler les bijoux volés n'était pas là. La planque de la cabane de Dreyfus qu'on lui

avait indiquée n'était pas sûre. La preuve, une petite fille l'avait repéré.

« Si je tenais cette gamine, elle m'entendrait. Elle n'avait qu'à pas moucharder. »

Il était en colère contre lui-même.

« Mais pourquoi j'ai pris ce satané bateau ? Pourquoi je suis là au milieu de ce bagne qui tombe en morceaux avec toute la flicaille de la Guyane qui me poursuit ? »

Jojo reprit sa marche. Le soleil commençait à décliner à l'horizon. Dans moins d'une demi-heure il ferait nuit.

Trois vedettes accostèrent au nord de l'île et les quatre autres au sud. La stratégie était de prendre Jojo le Pétard en tenaille afin qu'il ne puisse pas s'échapper. Une centaine d'hommes descendirent des bateaux, puissamment armés et accompagnés de chiens.

Ils s'enfoncèrent parmi les cocotiers. L'inspecteur Pigetou faisait lui aussi partie des recherches. Il était arrivé avec un groupe de gendarmes et de policiers par le sud. Plus lent que les autres, il se retrouva vite tout seul sur l'embarcadère. Il gesticulait en vociférant après les autres.

– Attendez-moi, nom de nom !

Il essaya de les rattraper, mais ce n'était pas facile de courir en forêt tropicale en costume de ville. Ses mocassins se prirent dans une racine et il s'étala de tout son long dans une flaque d'eau boueuse.

– Bon sang de bonsoir ! Qui m'a fichu cette flaque ici ? Je te goudronnerais cette île, moi !

Un gendarme en treillis se pencha sur lui.

– Pas de mal, inspecteur ?

– Non ça va, ça va ! fit Pigetou en grimaçant un sourire. Il se releva tout dégoulinant.

– Gendarme, passez devant, je vous suis.

Les deux hommes suivirent un sentier. Ils allumèrent leur lampe torche pour se guider car la pénombre obscurcissait leur chemin.

Comme pour rabattre un gibier lors d'une chasse, les hommes progressaient en ligne en faisant du bruit. Ils parlaient, tapaient dans les taillis avec des bâtons.

Jojo le Pétard continuait d'avancer. Autour de lui, la pénombre envahissait peu à peu les ruines du bagne.

Houa ! Houa ! Au loin, derrière lui, des chiens aboyaient. Soudain, une voix amplifiée par un mégaphone éclata.

– Georges Pétard, rends-toi, tu es cerné !…

Le truand regarda sa montre. Dix-neuf heures pile. Dans combien de temps le rattraperaient-ils ? Dix minutes, vingt minutes, une demi-heure ? Dans tous les cas, il n'allait pas se laisser arrêter sans se battre. Il serra son pistolet et sourit. Il venait d'avoir une idée…

« Jojo le Pétard n'a pas dit son dernier mot. »

Il s'arrêta sous un grand cocotier, posa son sac à terre et l'ouvrit. Aux côtés des bijoux et de l'argent provenant du casse de la bijouterie du Havre, il y avait une boîte noire en cuir. Dedans un détonateur rattaché à cinq gros bâtons de dynamite. Il régla le minuteur à 10 minutes, enleva sa veste et enveloppa minutieusement la bombe à retardement à l'intérieur. Au moindre faux mouvement, tout exploserait.

« Quand les chiens et les flics arriveront pour me cueillir, ils auront une drôle de surprise », murmura-t-il. Puis il se mit à hurler les mains en porte-voix :

– Je me rends ! Je me rends !

Jojo pensait que le flair des chiens emmènerait la police jusqu'à sa veste et là, baoum ! Ensuite il se battrait arme à la main jusqu'à la dernière balle. « Plutôt crever comme un homme que retourner en prison. »

Il était déterminé à tout et même au pire.

Les aboiements des chiens se rapprochaient, les voix des poursuivants se faisaient de plus en plus claires.

« Encore trois minutes », grogna Jojo entre ses dents. Perché au sommet d'un cocotier, il pouvait voir sa veste piégée.

« Encore trente secondes ».

Des hommes armés s'approchaient prudemment ; devant eux, des chiens tiraient leur laisse, truffe au sol, reniflant.

« 10, 9, 8, 7, 6, 5, 4, 3, 2, 1… » Rien. L'explosion n'avait pas eu lieu.

– Bon sang ! hurla Jojo de son perchoir. Une dizaine de fusils se braquèrent dans sa direction. Le truand tira sur eux mais son pistolet s'enraya.

– Nom de non de nom de…. ! ! ! !

– Jette ton arme, Georges Pétard ! s'écria l'inspecteur Pigetou. Tu es en état d'arrestation !

En le voyant tout crotté, Jojo éclata de rire. C'était bien la première fois que le flic qui l'arrêtait était couvert de boue de la tête aux pieds…

Chapitre 10

Le lancement d'Ariane

Kourou, le 12 juin

– Dépêche-toi, Stella ! La fusée ne va pas patienter indéfiniment pour toi, cria Mathias.

Stella apparut revêtue de sa plus belle robe. La rouge. Il fallait être belle pour le lancement d'Ariane. Son frère siffla d'admiration quand elle passa devant lui pour monter dans le minibus spécialement affrété par le centre spatial.

Le groupe était au complet. Le chauffeur démarra et prit la direction de la base. Madame Lespadon se leva de son siège et prit la parole.

– Mes enfants, nous allons assister au lancement depuis le site Colibri. Il se trouve à cinq kilomètres du pas de tir. C'est le meilleur point de vue pour voir décoller la fusée. Dans exactement deux heures, à 19 heures 30, Ariane 44L emportera à son bord deux gros satellites de télécommunication.

Le professeur se rassit et se repoudra le nez. Elle aussi s'était mise sur son trente et un.

Les vols en soirée étaient impressionnants car la pénombre amplifiait l'intensité des flammes des moteurs au décollage. On pouvait suivre le lanceur à plus de soixante kilomètres à la ronde et cela jusqu'à ce qu'il atteigne plusieurs dizaines de kilomètres d'altitude.

Alex Rocket attendait le groupe devant le bureau d'accueil des visiteurs de la base spatiale.

– Voici nos héros, s'écria-t-il en s'avançant vers Mathias et Stella. Bien joué, les enfants ! Il paraît que c'est grâce à vous qu'on a coincé Jojo le Pétard. Vous êtes de vrais pros.

– On a juste un peu aidé la police et la sécurité de la base spatiale. C'est tout, répondit humblement Stella en rougissant.

– Venez prendre votre badge et allons au centre Jupiter. Les opérations sérieuses ont commencé pour Ariane.

La salle Jupiter était en pleine effervescence. Il y avait là une cinquantaine de personnes, ingénieurs de la base, représentants officiels du programme Ariane, des clients ainsi que plusieurs personnalités. Les enfants pouvaient observer les opérateurs en pleine action au travers d'une grande baie vitrée. Ils assistaient aux derniers préparatifs avant le compte à rebours final.

– Regardez bien sur le côté droit du grand écran, expliqua Alex Rocket, le graphique indique une courbe qui représente la trajectoire du lanceur. Dans environ deux heures, nous pourrons voir Ariane gravir cette courbe jusqu'à plus de 200 kilomètres d'altitude. À ce moment-là, elle larguera le premier

satellite. Trois minutes plus tard ce sera au tour du deuxième satellite d'être mis sur orbite.

– Ça prendra combien de temps tout ça ? demanda Mathias.

– Si tout va bien, la mission durera au total, depuis le décollage, un peu plus d'une demi-heure.

– Et que deviendra Ariane après le largage des satellites ? s'inquiéta Stella.

– Il n'en restera plus rien. Une fois les réservoirs vidés de leur carburant, le propergol, le troisième étage du lanceur, retombera lentement dans l'atmosphère et brûlera à plus de 2 000 °C, comme les deux premiers lanceurs.

Une hôtesse s'approcha d'Alex Rocket. Le moment était venu de rejoindre le minibus pour rallier le site Colibri.

Sur le trajet, les enfants cherchèrent du regard la fusée.

– La voilà, là-bas ! cria Angéla qui l'aperçut la première.

Ariane apparaissait au loin sur son aire de lancement. Elle était éclairée par quatre gros projecteurs. Une fumée légère s'échappait de son flanc droit signalant les opérations de remplissage d'oxygène et d'hydrogène liquides du troisième étage. Tout semblait se dérouler normalement.

Quand le minibus atteignit le site des invités, l'excitation générale était à son comble. Madame Lespadon essaya de calmer les enfants en leur donnant des informations avant de descendre.

– Un peu d'attention, s'il vous plaît ! Colibri n'est pas le seul site d'observation des lancements.

Il y a aussi Toucan, Kikiwi et Agami.

Les enfants passèrent devant elle avant qu'elle n'eût terminé. Ils s'installèrent en se bousculant sur les tribunes.

– Chut ! fit un officiel. On regarde et on se tait !

Les enfants se turent. Ils avaient le regard rivé sur les écrans de télévision installés de chaque côté des tribunes. Ils pouvaient ainsi suivre la retransmission et les commentaires des techniciens.

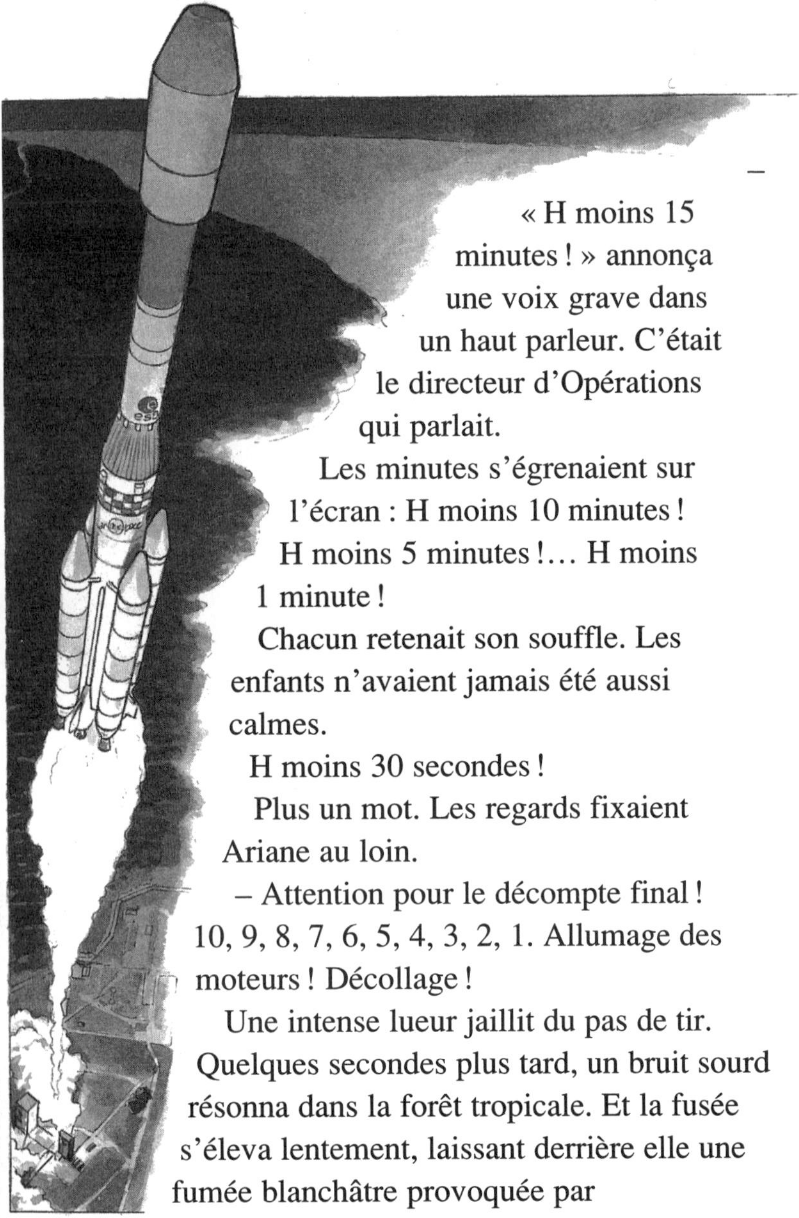

« H moins 15 minutes ! » annonça une voix grave dans un haut parleur. C'était le directeur d'Opérations qui parlait.

Les minutes s'égrenaient sur l'écran : H moins 10 minutes ! H moins 5 minutes !… H moins 1 minute !

Chacun retenait son souffle. Les enfants n'avaient jamais été aussi calmes.

H moins 30 secondes !

Plus un mot. Les regards fixaient Ariane au loin.

– Attention pour le décompte final ! 10, 9, 8, 7, 6, 5, 4, 3, 2, 1. Allumage des moteurs ! Décollage !

Une intense lueur jaillit du pas de tir. Quelques secondes plus tard, un bruit sourd résonna dans la forêt tropicale. Et la fusée s'éleva lentement, laissant derrière elle une fumée blanchâtre provoquée par l'évaporation de l'eau projetée sur le pas de tir. Quelques secondes plus tard le directeur des opérations annonçait :

– Paramètres normaux ! Trajectoire normale !

Le lanceur, au maximum de sa puissance, prenait de plus en plus d'accélération. Ariane n'était plus qu'un petit point lumineux s'enfonçant dans la nuit.

Les applaudissements crépitaient dans les tribunes.

– Bravo ! s'écria Stella.

Mathias lança sa casquette en l'air.

La soirée s'acheva par un cocktail sous une grande tente. Tout le monde trinquait au nouveau succès du lanceur européen. Après trois semaines de travail sans relâche, c'était mérité.

Les enfants serraient la main des techniciens. Désormais, ils avaient un autre regard sur ce qui était devenu une routine à la télévision. Jamais ils n'auraient imaginé l'intensité du moment, le souci de la précision et la synchronisation des équipes pour arriver à ce fameux H0 qui donnait le coup d'envoi au décollage. Ils étaient heureux d'avoir participé à cette soirée mémorable.

Dans le minibus qui retournait à Kourou, Stella songea à l'aventure qu'elle avait vécue. Elle revit le visage de Jojo sur l'*Ariana*, puis dans la cabane de l'île du Diable. Elle avait eu peur, mais heureusement, son grand frère avait été là, courageux. Elle était fière de lui.

– Bravo p'tite sœur ! J'suis fier de toi, lui souffla Mathias à l'oreille.

Elle était aux anges.

Quant à Jojo le Pétard qui croupissait en prison à Kourou, il avait, lui aussi, assisté à l'envol d'Ariane à la télévision. Quel spectacle ! Au moins, il n'était pas venu en Guyane pour rien…

Un mot des auteurs

Ce livre est le fruit de la réunion de deux passions : celle des enfants et celle de l'espace.
C'est par ma fille Stéphanie que tout a commencé. Alors que je travaillais à l'Agence spatiale européenne, Stéphanie me demandait de traduire mon quotidien en histoires d'étoiles et de planètes, de voyages à bord de fusées et de satellites.
Depuis, les enfants ont été non seulement une source sûre d'inspiration, mais aussi un alibi au jeu.
Ce jeu de rôle au cours duquel ils se prennent pour l'astronaute qu'ils ont toujours rêvé d'être, le petit robot qui découvre la planète inconnue, le moteur vrombissant d'une Ariane 5 qui pousse 700 tonnes de cris et de suspens vers une mission simulée.
Plus tard, grâce à cette expérience nouvelle, et surtout grâce à Jean-Claude Djian, mon co-auteur, j'ai goûté au monde du livre et de l'écriture pour enfants.
J'espère continuer cette aventure car les programmes spatiaux sont une source intarissable d'inspiration pour tous les âges. L'enfant est avide de savoir comment les machines fonctionnent, pourquoi l'univers est comme il est, et à quoi servent tous ces satellites qui tournent au-dessus de leur tête.

Philippe Willekens

Un mot des auteurs

Pour moi, les vols de la fusée Ariane sont,
comme pour beaucoup de jeunes Français, devenus
au fil des années tout ce qu'il y a de plus banal.
La fusée s'envole de Kourou en Guyane
pour faire un petit tour dans l'espace et larguer au
passage des satellites à 36 000 kilomètres d'altitude.
Cela paraît bête comme chou de faire décoller
des fusées aujourd'hui, et pourtant...
c'est toute une aventure technologique
qui se déroule autour d'un lancement.
Grâce à ma rencontre avec Philippe Willekens,
de l'Agence spatiale européenne,
j'ai découvert cette aventure.
Philippe est un passionné, un « fou d'étoiles ».
J'ai mis en mots pour vous ses connaissances,
sa passion et cette histoire. Je n'ai jamais vu la fusée
Ariane, mais je l'ai rêvée pour vous.
Ariane, mission accomplie est un peu comme
le premier étage d'une fusée : au-dessus, il y a
d'autres étages qui enferment d'autres aventures.
Comptez sur nous pour vous faire encore rêver.
5, 4, 3, 2, 1, 0...
Décollage pour de nouvelles aventures.

Jean-Claude Djian

Un mot de l'illustrateur

C'était une belle soirée de juillet,
je jouais au ping-pong avec le fils d'amis,
quand la balle a rebondi trop fort et s'est perdue
dans le halo de la pleine lune.
J'ai pensé tout haut : « Tiens, cela fait presque
trente ans que l'homme a marché sur la lune… »
« Tu l'as vu en vrai, quand les astronautes
étaient là-haut ? » m'a demandé Dimitri.
« Oui, c'était très impressionnant ; après,
dans mes cahiers d'écolier, je dessinais
des astronautes qui s'envolaient vers les étoiles. »
« Moi, j'ai vu la fusée Ariane décoler à la télé,
j'aimerais bien la voir en vrai à Kourou.
Tu as déjà dessiné la fusée Ariane ? »
« Non, pas encore, mais ça me plairait bien… »
C'était l'heure des informations et la télévision
a annoncé “Nouveau succès pour Ariane
qui a placé deux satellites en orbite…” »
Nous avons continué à jouer au ping-pong,
pas très sérieusement, et les balles continuaient
de sauter dans la pleine lune.

Philippe Biard

Table des matières

Pour en savoir plus

Si tu souhaites élargir tes connaissances sur l'espace et les missions spatiales, je te conseille de lire :

– *Le Ciel par-dessus nos têtes*, Gallimard Jeunesse, coll. « Les Racines du Savoir »,1997. Un livre interactif qui joue avec les pages, les calques… Une vraie ballade dans l'espace.

– *La Conquête de l'espace*, Carole Scott, Gallimard Jeunesse, coll. « Les Yeux de la Découverte », 1996. Ouvre grand les yeux, car les photos sont sublimes !

– *Cosmonautes à la Cité des Étoiles* et *L'Espace, milieu violent et hostile*, éditions PEMF, coll. BT Espace, 1995. Ce sont mes deux livres favoris parmi toute une série sur la science et l'espace.

– *L'Espace, à quoi ça sert, comment ça marche*, Philippe Buffet et Marcel Lebaron, éditions Ronald Hirle, 1998. Un livre très bien illustré, écrit par des spécialistes du monde spatial.

– *La Saga de l'espace*, Alain Dupas, Découvertes Gallimard, 1995. Un spécialiste de l'histoire raconte la conquête de l'espace avec les moments graves et les moments de bonheur. Très complet.

– Enfin, pense à ton petit frère ou ta petite sœur et lis-lui *La Conquête de l'espace*, d'Isabelle Fougère, Hachette Jeunesse, coll. « Histoires de Babar », 1998.

Autres titres de la collection

Loi n°49-956 du 16 juillet 1949
sur les publications destinées à la jeunesse
ISBN 2-07-052167-2
Numéro d'édition : 87071
Dépôt légal : avril 2001
Imprimé sur les presses de l'Imprimerie Hérissey à Evreux (Eure).
N° d'impression : 89539